Jedno srdce – mnoho zlomů
(Sbírka básní a umění)

Sandeep Kumar Mishra

Ocenění a vyznamenání

Nejprodávanější kniha na Amazonu
Stříbrná medaile v ocenění Oblíbených knih čtenářů
Mezinárodní knižní ceny (ABF) v užším výběru
Indies Today Book Award v užším výběru
Literary Titan Book Award v užším výběru
New York Book Festival v užším výběru

Titul-
Jedno srdce – mnoho zlomů

Autor –
Sandeep Kumar Mishra

Obálka a další umělecká zpracování-
Sandeep Kumar Mishra

Ilustrace-
Hetal Mishra (ve věku10-ti let)

Vydavatelství- (Překlad)
Tektime

Originální vydavatelství-
Indian Poetry Review Press

Překlad-
Johana Máhrlová

Vydání- 1.10.2022

Copyright @ R K Sharma
Copyright @ Sandeep Kumar Mishra

4

Žádná část této publikace nesmí být reprodukována nebo přenášena v jakékoli formě nebo jakýmikoli prostředky, ať už elektronickými nebo mechanickými, včetně fotokopií, záznamů nebo jakýchkoli systémů pro ukládání a vyhledávání informací, které jsou nyní známy nebo budou vynalezeny, bez písemného souhlasu vydavatele, s výjimkou autora recenze, který si přeje citovat krátké pasáže týkající se posudku napsaného pro začlenění do časopisu, novin nebo vysílání.

O sbírce poezie

V tomto životě je jisté, že každý z nás bude někdy nějak zklamán. Když čteme nebo vidíme někoho se stejným osudem, soucítíme s ním nebo se snažíme najít útěchu v četbě či rozhovoru o něm. Totéž platí i pro tuto sbírku. Básně jsou tematicky různorodé. Většina z nich je básnickým odrazem osobních emocí a situací, ve kterých se ocitl. Básně pokrývají dvacetileté životní události a jsou vyjádřením jasných, pravdivých a ryzích pocitů a drsné reality jeho situace. Zároveň ukazují jeho cestu jako básníka. Více než polovina básní ve sbírce byla v posledních pěti letech publikována v různých časopisech, ať už v tištěné, nebo digitální podobě.

Nezapomeňte

Básně jsou převzaty z deníku básníka. Některé básně napsal jako osmnáctiletý chlapec, jiné v mládí a zbytek, když se stal moudřejší lidskou bytostí. Nehledejte v nich dokonalý jazyk. Jde čistě o emoce a pocity v daném období. Vše bylo zachováno v původní podobě.

5

O básníkovi

Sandeep Kumar Mishra je redaktorem poezie v Indian Poetry Review. Je držitelem ocenění "Readers Favorite Award-21", "Indian Achievers Award-21", "IPR Poetry Award-2020" a "Literary Titan Book Award-2020". Dostal se do užšího výběru i na ocenění "2021 International Book Awards", "52nd New Millennium Award-2021", "Asian Anthology-2021", "Joy B Poetry Prize 2021", "Oprelle Poetry Prize 2021", "MPT Story Award-2022", "Newcastle Story Award-2022" a "Anasi Story Award-2022".

Více informací -
https://www.sandeepkumarmishra.com/

Email- sandeepmishra551974@hotmail.com

Poděkování-
Některé básně byly již dříve publikovány v těchto časopisech, periodikách nebo na internetu-

Society of Classical Poets, Third Wednesday, Blue Mountain Review,Brasilia Review,Red Earth Review, Redfez, Reflections, Scares,Snapdragon,Susan Journal,The Blotter, Criterion,Quail Bell,The Human Touch,The Literary Yard,Thin Air,Torrid Literature Journal,Willard and Maple,Winamop,Ygdrasil,Really System,Poetry Soup,Asian Signature,Garfield Lake Review Chiron,Review,Cold noon, Convergence,Curlew,Digging Through the Fat,Down in the Dirt, Fixional,Good Men Project,Poetry Nook Magazine,Harbinger Asylum,Hawaii Review,Helix,High Plains Register,Joey & the Black Boots, Literary Orphans,Marathon Literary Review,Phenomenal Literature,ZOUCH Magazine & Miscellany,verbal art,London Literary Review,San Antonio Review,Scene & Heard (SNH), GFT Press,Bombay Gin, Stone Coast Review, Poetry Space,International Times it, Poetry Leaves, Cardinal Sins,Indiana Voice Journal,Mud Season Review, The Internet Void,Salmon Creek,Dreamers Anthology,All Poetry,Canada Quarterly, The Write Launch,DJ JELAL,Aquillrelle, Setu Magazine, Rambutan Literary, The Bitchin Kitsch,Poetry on the Move,Active Muse,Poem Village, Her Heart Poetry,Purcell Press,The Fiction week, The Diary Files,Kuchh Poetic,The writers and readers,Poem Hunter, Kitaab.Org, Poetry Sydney,Realistic poetry,Able Muse,Poetry on the move,Tipton poetry journal a mnoho dalších.

Můj život

Osobní

Rodina

Společnost

8

Svět

Patříme do třetího světa
Tento vzduch věku
Mýdlová opera
Abychom byli moderní
Skutečnost
Ty knihy

Příroda

První Monzun
Oblázkové kameny
Oh, hvězdy!
Božský soumrak
Zima
Moje chalupa
Ranní extáze

Vesmír

Naděje
Následný efekt
Rozvětvený nebo ne
Vnitřní hlas
Užívej si energii slunce
Krása: Blaženost
Zapomeň na mě hned
Sestup do nitra Země
Ten pradávný rok
Jedinečnost rozmanitosti

9

Namaloval jsem oceán

Namaloval jsem oceán
ale zapomněl jsem na břeh,
nebyly tam žádné lodě
Když jsem se podíval zblízka,
byla to moje osamělá plavba
jako vlny moře

Hledal jsem sám po staletí, abych
přidal poutníky na své cestě,
Stále sám tu stojím na téhle smrtelné palubě

Potřebuji ostrov, kde bych zakotvil,
Když se ozvu rádiem,
Stává se tichým monologem vně,
původ odpovědí přichází
ozývá se zevnitř

S každou přívalovou vlnou
z nitra pod ňadry
Cítím se jako kužel bez perel,
Ačkoli mám rozlohu
Mrtvého moře, ale žádný maják
vroucnosti života

Moje výstava

V horní části mého těla kognitivní zvoní zvonek
z volaného spojení živých vodičů,
modem jen stěží funguje
opakovaně poskytuje napodobeninu
pustých a prázdných známých cest

Vnitřní drkotání ze všedního nákladu
vinoucí se, svírající se směrem vzhůru,
Není tu žádná vitalita; životní síla se vytratila,
Jak můžu vdechnout život?

Mé dny a noci jsou jako
přišroubované uvnitř jedné mozkové buňky,
Můj hlas se zdržuje zpátky,
Spřádá plán, jak se vypořádat s mou duší
sídlící v mé vlastní lebce
a diktuje zvuky napodobující můj hlas
Nemohl jsem zničit svoji vzpomínku

Stejně jako můj mrzutý stín mě opustil
Zůstal jsem jen já, moje já a sám se sebou,
Proč je můj mozek černou dírou?
Nemohlo by to být vesmírem
ze souhvězdí plného migrény, prášků
injekční stříkačky, bolesti zad a nespavosti?

Sen se stal mrtvým obrazcem.
Opotřebený jako zkamenělá záře,
Všechno se stalo totožné
kromě tíhy důsledků
která má variace trvalosti

Jak procházím zatracením
má nerovnováha se urovnává,
Pověsím na zeď své zbývající umělecké díla
neboť po určeném čase má výstava skončí.

12

Zánik povodí

Můj mentální rozvod vykresluje obrazy opotřebovaných cest
poté, co došlo ke zkratu
na stezkách každodenní zátěže

Mé nemocné tělo se chvěje svojí
vahou tvrdého stehu na kůži vytrhnutého z těla,
Zbavené životní síly jako
Kdybych měla málo energie dýchat,
Hlas, který slyším, není můj vlastní,
Pronáší noty známými tóny
ale plnými cizích frází,
které skrývá za pozváním

Přál bych si, abych se mohl rozplynout
nebo se schovat do své jeskyně v lebce,
ale není moudré to v sobě potlačovat,
Pak se ozval nezřízený smích,
Jaro se vynořuje do slunečních paprsků
Moře se vynořuje ze zániku řek
Jsou dva způsoby, jak žít život,
Můžu se vydat tou těžkou

Ukaž mi více bolesti

Chci vidět to hebounké alter ego
které mě zavede do mé odsouzené budoucnosti.
abych viděl, jestli je mezi mraky trhlina

Ne, počkejte! Rozmyslel jsem si to.
po chvíli přemýšlení, jak by to mohlo
také ukázat nadcházející proměnu
Možná jí nebudu schopen čelit

Smířím se se svými
torpédovými sny, sevřeným srdcem,
neklidnými nocemi, mrzutými dny,
vyčerpaným tělem a utrápenou duší

Teď cítím ten proděravělý tep
ve středu mého srdce, když
život mě odmítá trýznit

14

Doušek duše

Mohu vidět pouze na černé mraky
stín nekonečna, přelud blouznění,
klam samotné existence,
klam marnosti lidstva

Odlesk nebeské clony dodává
přetrvávající slabomyslnost,
V tomto stavu choromyslné nadřazenosti
se morálka stává prázdnou jako
protikladné formy navzájem se pohlcují

Dýchám bolest, dýchám strach.
Chci získat to temné ticho.
kde všechny formy zaniknou,
Měl bych žít, abych okusil hříchy?

Nemám odvahu, když
Vím, že chutná trpce k
popíjení padlé, ale sladké duše

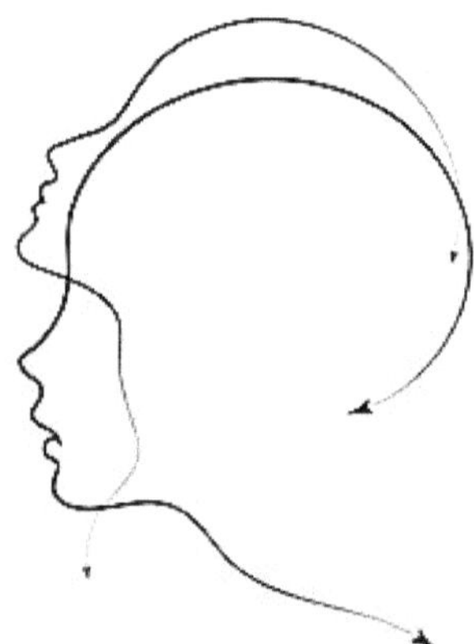

15

Spánek ve výprodeji

Každou noc se toulám po městě postelí,
abych si koupil nějaké klidné domácí potěšení,
Temné přízračné záhady lidského života
mě přesvědčují, abych unikl od
dnů bojů a svárů

Toužím jít do té země zapomnění,
Pátrám po tom neznámém území, ale
nemohu najít cestu, která by mě unavila,
Když se často vznášejí nenaplněné touhy
má fantazie bdí zširoka a brilantně splétají svou síť

Spánek je dívka snů, vůně muškátové růže,
Melodie kukačky, poklid romantiky,
Těchto krás ve štědrosti si vždycky vážím
ale každá noční výprava bude docela chmurná
protože nespavost byla mým láskyplným zájmem

Den mi je sympatický, ale noci mě trápí
Jsem nucen prodat svůj nevalný spánek,
Je-li někdo ochoten ho koupit a připraven naříkat

16

Proč jsem selhal při pokusu o sebevraždu?

Když jsme si tak dlouho hráli na prokleté jazyky,
v horní části mého chromaticky naříkajícího těla,
z migrény zvoní zvon z
uzavřené rodinné komunikační spojení

Mé rádiové srdce občas chytne
přicházející laskavé frekvence
z mé sputnikové matky,
Osobní cestovní mapa je nyní offline,
když se vydávám sám po opotřebovaných trasách
se zpoplatněnou osamělou společenskou cestou
po tolika nehodách na
stezkách každodenní tíhy

Všechny mechanické body vypnuty,
moje schopnost přechodu selhala ve spínání vrozených
signálů, které má vnitřní osoba měla,
Odpor mysli nedokázal
ukončit špatné přenosové spojení
do kterého mě vtáhl můj otec a okolí

Vadný společenský kondenzátor mi zatarasil cestu,
Nemohl jsem v sobě uložit osobní uměleckou energii,
protože záporný ekonomický náboj
odpojil můj život
Vnitřní tíha každodenního nákladu,
vydělávání na chleba se vinulo, dralo vzhůru,
zamotávaly můj vrozený sen umělce
v uzavřeném kruhu překážek světa

Vštěpovaly " deziluzi negace".
do mých zablokovaných žil identity,
Ačkoli jsem nikdy neměl "bleskovou záplavu emocí"

Chci žít tím, že budu jíst své ohořelé nitro

Nyní černá díra, rozhodl jsem se být
s touto soustavou migrény, tablet,
injekční stříkačky, bolesti zad a nespavosti, která
se vynořila kolem a přinesla apokalypsu
v mém životě před onou skutečnou katastrofou
intervence nezúčastněné osoby měla účinek

Posazen na staré dřevěné židli,
dívající se na stropní ventilátor,
Uvázal jsem červené " sári" své ženy okolo
mého odloučeného krku,
Viděl jsem odraz mé usmívající se dcery
v almaře se zrcadlem
Moje mozkové vlny se ponořovaly hluboko,
život plaval napříč srdcem bouřlivého oceánu a
můj ďábelský instinkt se utápěl v hlubinách
rozlehlosti lidské křehkosti
proti pozemským citům na pobřeží,
vnitřní příliv mě srazil do bezvědomí

Což mi dalo ještě jednu nálepku,
zbabělec, ani nedokážu popsat, jak jsem naštvaný
Byl jsem, protože nejsem mezi mrtvými,
energie, kterou jsem měl, je ta správná energie
Potřebuji zůstat naživu a pochopit to

Sluneční paprsky prokukují temným mrakem,
oceán se vynořuje ze smrtících řek,
jsou dva způsoby, jak žít život,
Mohu se ubírat tím obtížnějším

18

Vzhledem k tomu, že se nacházíme uprostřed: Je nutné najít rovnováhu

(Co nám přinesla léta samolibosti)

Dopis mé milované ženě

Drahá

Kdybych ti mohl cokoli říct nebo ti ukázat své pocity v srdci, byl by to obrovský krok nebo zlom v našem životě. Ale nyní ti to řeknu pomocí prostředníka, jímž jsou média.

Ačkoli spolu žijeme jako manželský pár od roku 2003, naše manželství je neúspěšné, protože nejsme spřízněné duše, dokonce někdy jednáme jako nepřátelé. Je snadné milovat někoho, kdo lásku neopětuje? I když jsme si vzájemně přislíbili, že budeme doopravdy milovat jeden druhého. Ale je to jakási "láska na oplátku", kterou nelze nazvat láskou, spíše obchodní smlouvou.

Jedna věc mě udivuje, to, že jsme stále spolu. Protože mě nechceš poslouchat, ztvárnil jsem své zchátralé duševní utrpení v básních, které jsem psal poslední tři roky. Použil jsem z nich několik veršů, abys pocítila utrpení, kterým jsem si prošel.

"Chci vidět to hebounké alter ego
která mě zavede do mé odsouzené budoucnosti.
abych viděl, jestli je mezi mraky trhlina"

Když jsem se do tebe zamiloval, byl jsem nezralý a naivní a nadchlo mě, když jsi o mě projevila zájem. Jak poznám, když se mi nějaká osoba začne líbit, jestli se z ní stane nepřítel na celý život? Postupem času se situace stala takovou, že mě emocionálně i fyzicky oslabila.

19

"Když tvé havraní vlasy září všemi odstíny
Odpočívám v tvém klíně, noc přichází a den mizí,
Tvé zázračné, oříškové oči mě uklidňují
Budeme se milovat, dokud tu zbydou hvězdy, obloha, moře"

Jsme tak slabí, že nedokážeme jít různými cestami, nebo jsme příliš nadějní, že se to jednou vyřeší? Protože žijeme v malé společnosti a jsme svázáni tradicemi a možná se té společnosti i trochu bojíme, neustále trpíme, ale váháme se rozejít v naději, že jednoho dne bude všechno v pořádku.

Tento nesoulad však špatně ovlivňuje naše dvě děti. Situace se mi vymkla z rukou a každou minutu prožívám peklo. Když jsem rozrušený, což je každý druhý den, nekomunikuji a nehraji si s nimi. Stal se ze mě jejich špatný táta. Někdy je dokonce plácnu i za drobné chyby. Utíkají ode mě. Proč by měly ty ubohé bytosti trpět bez jakékoliv vlastní viny?

" Existuje život za hranicí smrti?
Existuje cesta po obloze?
Jsme dobrovolní hříšníci,
ale podléháme odpuštění"

Tímto dopisem vám chci říci, že láska je trpělivá, láska je laskavá. Nezávidí, nevychloubá se, není pyšná. Vždy chrání, vždy důvěřuje a vždy přežije. Láska nehledá sama sebe, je opakem hledání sebe sama. Pokud si zvykneme na osamělost, stane se naším celoživotním postojem.

"Namaloval jsem oceán
ale zapomněl jsem na břeh,
nebyly tam žádné lodě,
když jsem se podíval zblízka,
byla to moje osamělá plavba
jako vlny moře"

Jedním z důvodů tvé nelibosti je moje nepravidelná práce. Na tomto poli jsem se ukázal jako naprosto neúspěšný. Jako dočasný učitel jsem nedokázal dobře zvládnout své finanční povinnosti. Špatné investice a další hazardní obchody se nevyplácely. Situaci to ještě zhoršilo. Nyní se topím v dluzích. Musím z nich platit úroky. V noci nemohu spát. Momentálně trpím bolestí hlavy.

Druhá část problému spočívá v tom, že jsem vždycky chtěl být spisovatelem nebo výtvarníkem. Ale abyste se stali úspěšnými spisovateli, potřebujete čas a hlavně peníze, abyste se proslavili pomocí moderních sociálních médií a dalších vydavatelských triků a získali nějaké přátele v nakladatelském bratrstvu, protože je to velmi subjektivní obor.

Chci si vydělávat psaním, ale není to snadné a pro mě už je pozdě. Začal jsem publikovat v roce 1994, ale psal jsem jen občas, protože jsem měl už od dětství problémový život. Někdy byly mezi články i sedmileté mezery.

" Není tu žádná vitalita,
životní síla se vytratila
Jak můžu vdechnout život?
Mé dny a noci jsou jako přišroubované"

Nyní je situace taková, že se bojím vrátit domů, protože za vchodovými dveřmi na mě čeká nářek. Mám spoustu myšlenek, jak své pocity vyjádřit, ale v koutku duše vím, že mě buď nebudeš pozorně poslouchat, nebo to zcela nepochopíš.

Takže všechno uvnitř mého já, je jen žhnoucí propastí, která ve mně vzbuzuje nelibost. Máš agresivní tón hlasu a postoj. Ve dne v noci se mi vysmíváš s nádechem sarkasmu nebo výsměchu. Někdy spolu nemluvíme vůbec. Neustále svádím souboj se svým vnitřním já, ale z porážky viním okolní vlivy.

" Každou noc se toulám po městě postelí,
abych si koupil nějaké klidné domácí potěšení,
Temné přízračné záhady lidského života
mě přesvědčují, abych unikl od
dnů bojů a svárů"
Toužím jít do té země zapomnění,
toho neznámého území"

Jak jistě netušíš, moje nešťastné dětství způsobilo, že jsem tak
citlivý. Máš čas, a to srdce se seznámit s mou minulostí? Tato
vzpomínka ti pomůže pochopit mé slabiny.

Musíme vybudovat systém, jak vyřešit naše záležitosti, a to nás
zachrání před dalšími roky bezradnosti v našem manželství.
Každý může mít neúspěšné manželství, ale dobrá úroveň adaptace
pro některé dobré a špatné momenty je nutná.

" Proč je můj mozek černou dírou?
Nemohlo by to být vesmírem
ze souhvězdí plného migrény, prášků
injekční stříkačky, bolesti zad a nespavosti? "

Jak se můžeme nazývat manželským párem, když nespíme v
jedné posteli nebo ani ve stejné místnosti? Chci si s tebou
sednout, vylít ti své srdce, milovat se, užít si s tebou večeři v
nějaké restauraci a vyrazit na společný výlet.

Ale všechny tyto věci se staly snem; ve skutečnosti, když vidím
jiné šťastné manželské páry, častěji se cítím utrápeně. Už dlouho
jsem se nezúčastnil žádného večírku ani nenavštívil žádného
přítele. Na trh chodím jen zřídka. Nechodím do společnosti.
Dokonce se ani pořádně neobIékám, jak jsi mi mnohokrát říkala a
všimla sis toho i sama.

*"Můj mentální rozvod vykresluje
Obrazy opotřebovaných cest,
poté, co došlo ke zkratu
na stezkách každodenní zátěže
Mé nemocné tělo se chvěje svojí
vahou jakoby zbavené životní síly"*

Když je člověk smutný, svět mu připadá jako prázdnota. Pro koho
by se oblékal? Copak se mnou ani trochu nesoucítíš? Přes den
jsem vědomě zaneprázdněn, protože se snažím udržet si od tebe
odstup. Ale to má také negativní vliv na mé oči a záda, protože
sedím 10-12 hodin nepřetržitě u počítače.

Na druhou stranu, když máš volno, nenapadne tě se mnou mluvit,
diskutovat nebo se se mnou pobavit. Jsme od sebe tak odříznutí,
že nikdo nemá odvahu nebo pokoru vykročit jako první.

*"Smířím se se svými
Torpédovými sny,
Sevřeným srdcem,
Neklidnými nocemi,
Mrzutými dny,
Vyčerpaným tělem
A utrápenou duší"*

Chci začít znovu. Musíme povznést sami sebe. Musíme odložit
naše ego stranou. Mnohokrát mě napadne vyslovit několik
jednoduchých tvrzení, jako že až se vrátím domů, uvidím své děti
a ženu nebo že se spolu strávíme hezké chvíle. Ale to se nestane.
Potřebuji tvoji pomoc.

Každé ráno bychom si měli přivolat krásný den tím, že si
navzájem poděkujeme nebo se pochválíme za nějakou práci.
Pocítíš, jak do tebe proudí energie. Je téměř biblické říci, že žádná

zbraň proti vám nebude mít šanci, ale je lidské věřit, že lidé vám chtějí něco odejmout.

" Když je víra jasná, pochybnosti ztrácejí lesk,
Když moudrost roste, slzy se snižují;
každá větvička čeká, až rozkvete
naděje ti dává šanci na druhé jaro"

Své názory můžete upřesnit, ale tón by měl být vstřícný. Přijměte tedy rozdíly a udělejte z nich příležitosti.

" Kristovo tělo má různé části, které
se spojují v jeden celek"

Jednoduchým řešením je se podívat do mých očí a říci: "Ty nejsi můj nepřítel". Jsem introvert, ale pokusím se to občas dát najevo. Mohla by nějaká malá gesta, doteky a dárky nebo to může být piknik, film, čas na nákupy, prospět?

Strom na mém dvoře

Památný strom na mém dvoře
jediné dědictví, které jsem dostal, strážce
duhové listy s jemným květem
sladký vzestup štědrosti, nějaký vysloužilý náklad

Poslouchám příznačné krkolomné štěbetání z
vrabčích budek,
radostné poskakování při každém východu slunce mě šeptem budí
když suché listí stoupá jako slaďounký sirup

Stojím pod ním, abych napodobil tu osobu
ranní vánek se přežene jako nápoj yagona
má paní zapaluje lampu napájcnou chvalozpěvem
a dotýká se robustních chodidel, aby přijala požehnání

Kdykoli jsem sklíčený, vyhledám ho.
jeho konejšivý hlas, ale v mimetické podobě,
odpoledne medituje jako poustevník.
můj moudrý starší bratr, musím přiznat

Každý podvečer si mládež hraje ve stínu
zralé sladké plody, co obdarují
můj temný pelech je na jeho dvoře
Spím jako jeho milý svěřenec
nezůstává žádná viditelná mezera
když přebývám v jeho mlhavém klíně

Přímořská krajina

Moje láska, můj sen! Pojď se mnou
Přikryjeme se na palouku, za mořem,
Postavíme palác mezi hvězdami
Daleko od pozemských svárů a válek

Podívej se na duhu, na bílé řeky
Břidlicové hory, rudé růže, hnědé vrabce,
Zářivě svítící červy, zlaté orly, černé včely
Žluté slunečnice, karmínový makak, zelené stromy

Přeháňky smáčejí rána, noci září rosou
Kytice v pravé poledne, pak večerní červánky na dohled,
Zima s hřejivým sluncem, měsíční chladné noci
Obdivuji tvůj půvab, tvůj dotek rozptyluje mé obavy

Když tvé havraní vlasy září všemi odstíny
Odpočívám v tvém klíně, noc přichází a den mizí,
Tvé zázračné, oříškové oči mě uklidňují
Budeme se milovat, dokud tu zbydou hvězdy, obloha, moře

Chodí v rýmech

Když tě mé dychtivé oči spatřily
V žilách jsem našel opojení,
Zastavilo v rodném srdci pumpující rudou barvu,
Jako den zlatého slunce v jasném létě,
přichází jako ranní osvěžující vánek,
věčně kvetoucí živá zahrada

Zpola plachá ze své vlastní slávy
Krásná pak ještě krásnější, záře, jež nikdy nezmizí,
Její nejlepší temné a světlé stránky
Její rty jsou korálově rudé,
Líce jsou růžové a bílé,
Údolí na prsou, hluboké a strmé
Úsměv, jenž vítězí v tisíci královstvích.

Její půvab, který potěší, ale
Může promarnit tvé mládí ve vzdechu
Její vzdušné vlasy houpající se na pavoučí stříbrné niti,
Mírný hlas uvadá jako stará operní melodie,
Vůně její duše je cítit v tvé síle,
Jak kráčí v rýmech po blankytné cestě
Tisíce bezejmenných půvabných pohybů

Když tančí s podzimním listím
Několik tichých šepotů vibruje v našich duších,
Chvěje zemí pod sebou a nebem nad sebou
Vždyť ona je božstvo, převtělení,
Mohu ji vidět jen svýma zavřenýma očima

Blesková fikce

Neznámá dívka se zábranami
na mou cestu
Jako pižmový jelen skočila
Měsíc vyšel z temného mraku

Tvář zpola zakrytá havraními kadeřemi
rozsvítila noc ve dne,
Její styl a půvab byly nebeské
Naléhal jsem na okamžitou nabídku k sňatku,
Ona se zachmuřila, zmizela
Jako bublina ve vodě

Tohle bleskové setkání
Anekdota na celý život,
Nemohu se vydat po její stopě
V tomto moři světa,
ale chtěl bych inspirovat strážce
být odteď intelektuální bytostí

Duhová vzpomínka

Když moje prázdná přítomnost vane
umírající žhavé uhlíky v srdci se rozpalují
láskyplný dětský popel vzplane,
Zamrzlá černá vzpomínka rozpouští minulé barvy,
Jiskřička duhových zážitků,
Když kráčím po našem vyšlapaném chodníku
Viděl jsem pruh moře mezi domy

Tvé červené šaty jako jasně červená loďka
potápí se ve zlatém písku,
Chytám modré rybářské sítě,
Natřu ty hnědé zdi pevnosti
na zelené lišcjníkové pláži,
Má duše mluví, mé rty se pohybují
Četnost setkání, přílivy objetí
Jak chytám do sítí tyhle chvíle
jako žluté pěsti pouličního uličníka
držící duhu ve svém malém sevření

Moje matka

Od té doby, co mě opustila na dlouhé cestě,
každý den mi začínají hodiny od nuly
ale na ostatních hodinách nula není,
Nevím, kde moje matka žije,
Předchozí noc moje kůže byla hebká jak
ji políbila svými vlhkými rty

Moje matka si přála vidět mě vzhůru,
vyprávějící o své nedávné nezletilosti
nouzových situacích, které ji trápí,
o tom, jak si hrála s mými sourozenci,
potřebuje, abych se vrátil do života

Zajímalo by mě, proč pouze lidé potřebují
přijít na to, jak najít důvod k činu?
Je to důvod, proč otravujeme s rozumem?
Bylo jednoduché tam nechodit,
Vím, že bych se s ní měl setkat, ale
Břemena minulosti mě zastavují
setkat se s ní v její zaslíbené zemi

Můj otec

Můj otec nikdy nedělal ženské věci
jako brát si děti na klín a
milovat je nebo si s nimi hrát,
Ano, dělal mužské věci, jako je rozbíjení.
nějaká zrcadla, třískání dveřmi nebo
hlavou o zeď,
fackoval své děti a týral
každého, když ho bezmoc uvěznila
v síti chudoby, napětí
a nenaplněných tužeb

Ortodoxně a nábožensky založený
většina pověr, které z něj udělaly mudrce.
zbaveného společenského života a ze mě téměř ateistu,
Učil nás dobrým hodnotám, aniž by
nás nepustil do svého pokoje,
Viděli jsme ho psát básně
ale nebyli jsme součástí jeho vesmíru,
svět možná zná jeho díla
ale my jsme jeho knihy nečetli jako
jsme si vůči tomu vypěstovali imunitu

Jako učitel změnil mnoho škol
a jako čestný člověk,
zřídkakdy navštěvoval nějakou
společenskou zábavu nebo událost,

Nevyprávěl nám dějepis ani zeměpis,
zapomínal na sourozence,
uzavřený v sevřeném rodinném kruhu
neznal naši komunitu,
nyní žijeme na pomezí našeho společenského kruhu

Chtěl bych být se svým otcem, mluvit, učit se
a pomáhat mu, ale stále mi chybí pouto.
Dlouho jsem ho neviděl a
nikdy jsem kvůli tomu necítil potřebu nebo trápení

Počítá svůj čas,
Jeho odkazem je několik vydaných knih
a nevydané rukopisy
ležící v obchodu s knihami,
dlouhá propast mezi námi mě zastavuje
udělat těch pár kroků,
zdá se, že je to dlouhá cesta
Výchova a štěstí utvářejí náš život,
můj otec byl dítětem svého neštěstí a
Já jsem dítě svého otce

Moje sestra

Z těch nevinných let, kdy
jsme sdíleli naše životy společně,
jsem k tobě zůstal hluboce připoután
víc, než jsem byl k naší matce

Když jsme se museli odloučit,
šla jsi do svého domu,
stále jsem byl s tebou jako věno,
strávil jsem své mladistvé dny
jak má bratrská láska byla ve
tvých službách za slunce i deště

Vždycky jsi na mě myslela jako první,
Podporoval jsi mě,
znala jsi mě z hloubi duše,
ale přesto spoustu věcí jsem skryl,

Přišel čas, kdy udeřil hrom.
Každý jsme se vydali svou cestou,
ale kdybys mi jen řekla, kde je moje chyba
Bylo by to snadnější být odděleně.

Když se ti nepodařilo setkat se se mnou v ten " Raksha day",
ukázalo se, že naše pouto je příliš jemné na to
aby vydrželo dlouhý běh života,
Možná byla naše láska jen bublina nebo
naše chvíle už vzala to nejlepší z nás

Přesto víš, po čem toužím,
Všechna nedorozumění a hloupé hádky.
které nás rozesmutnily, jsou součástí dospívání,
dala jsi mi tolik životních lekcí,

dobrého, špatného a smyslu usilovat
Nevěděl jsem o způsobech světa,
tady chudá duše je něco, co je třeba ignorovat,
Ty jsi se zmítala mezi různými vztahy.
práce mé lásky se ztratila na bojišti o peníze

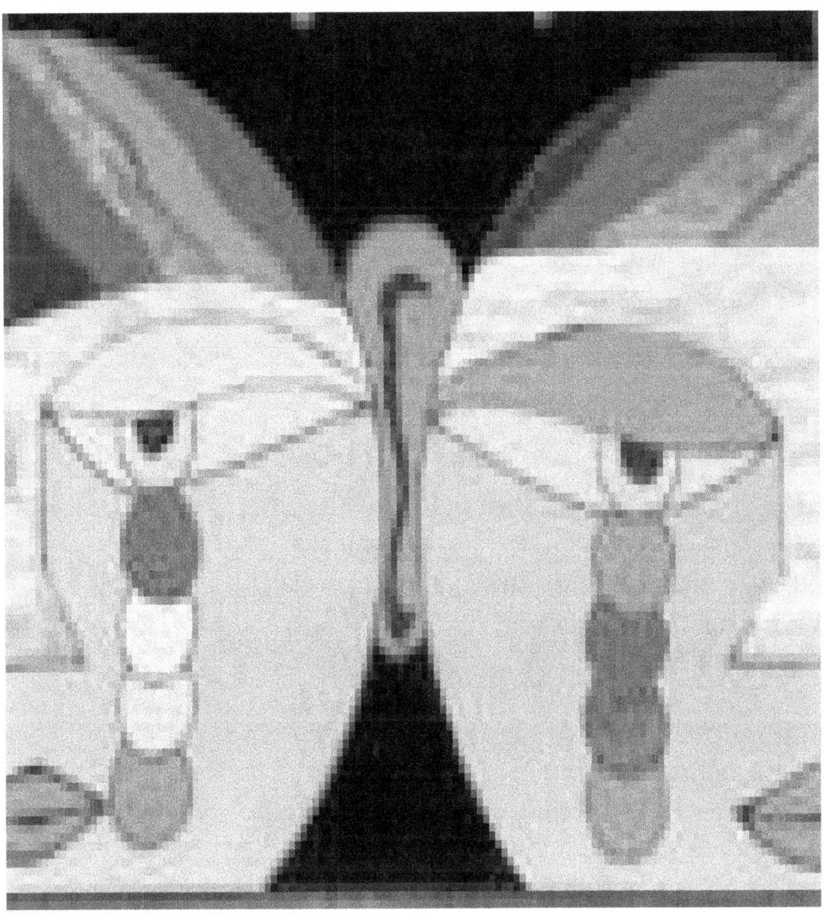

Návštěva nemocnice

Nemocnice jsou ideogramem pravdy
kde smrt nemá falešný odstín života
plná bolesti, narůžovělé úzkosti, ale poskvrněné naděje

Hoagovu galaxii bys mohl vidět.
uvnitř galaxie uvnitř galaxie
Jeden pacient jako fénix,
získává nový život tím, že povstává z popela
ale jiný umírá v představení
plamenů a spalující v nemoci

Bílé stěny opustil
svou petrolejovou a aromatickou dcerku,
Jako my přijímáme novou vůni
léků, sirupů, detolu nebo desinfekce
s trochou kostí a masa bez zápachu

Chirurgická lidově, vesele zelená,
se strachem a nadějí
v podobě snu přidá málo
lektvar lásky ke každému receptu

Nemocný, tak opravdově bledě modrý
Nemohl jsi než statečně vidět
tyto pacienty s trpělivostí
ze spartské školy
Jak je člověk větší než jeho bolest,
by byl významným filosofem,
až jednou vyjde z nemocnice

Oduševnělý jim vychází vstříc a drží je za ruku,
cítí se jako s klíči od domu v ruce,
ale tady se žádné srdce neobejde bez lásky,

37

Když je objímáš, jejich žebra dělají
místo pro tvé baculaté břicho,
když cítíš vodopád titánů
jak jejich srdce pomalu klesá

Vyhýbající se jakémukoli zrcadlu či sebeodrazu,
Nebudeš vidět věci, které obvykle
uvidíš, ale tvá očištěná duše bude vykukovat ven
z látky na těle jako sluneční světlo
vycházející ze zamřížovaného okna,

Těžko vyvážíš malicherné sebe sama jako vnitřní břemeno
bude větší než váha těla
Chvalme tato bezesná lůžka,
chvalme ty větráky, které se nenastavují
chvalme pokojovou službu, která neexistuje
chvalme nemocniční personál
jsou to andělé bez křídel

skrývají se pod falešnou maskou radosti
nacházejí vyhaslé plíce a unavená srdce
každý den jim leží na cestě
hrají poker s jejich životy
v této hře s viry a nemocemi,
a podporují také smrt i pro ostatní pasivní účastníky

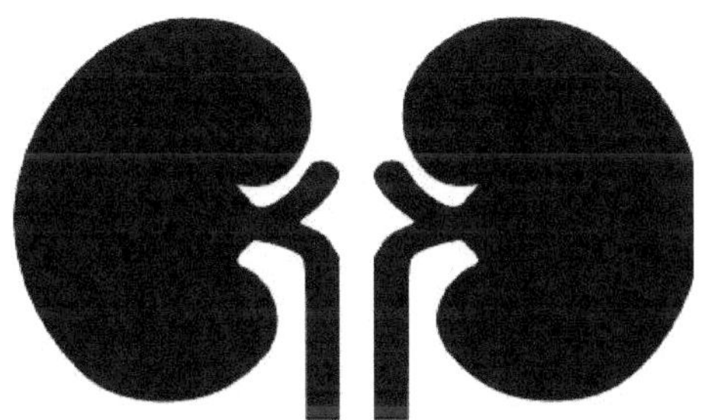

38

Korona – Vorona, Dny-Cesty

Lidstvo se propadá do koronavirového ruchu
Já jako mořská myška zpět do své skrýše,
budík každé ráno v posteli nevnímám
co se zdá jako minuty, jsou hodiny, týdny
a týdny v hibernačním stavu
Jsem snad malý osamělý medvěd?

Stýská se mi po domově
umístěn do domácího vězení bez Kovidu19
Připadá mi, že mě pronásleduje strašidelný klaun nebo
Jsem zahnán do kouta zombíky,
Pracuji ze zeleného domova ve světě červené zóny

přihlašuji se do socializace, přepínám na vzdálený hlas
Moji roboti uvnitř těla opakují jíst, spát a jíst
Je snídaně ještě snídaně, když si ji dám ve 12 hodin?
Je večeře stále večeří, když si dám k čaji sušenky?

Zamrkám očima a zaostřím na obzor.
jako by mě tam silné soustředění přeneslo,
Viděl jsem právě motýla, jak přistál na té květině?
Když nad prázdnými ulicemi létají kookaburové,
Vědí, co se s námi děje?
Všímám si víc než dřív?

Jak se plíce cítí čisté, ptáci jsou teď letadla,
vylézáme z domu, abychom
vyšli do zahrady a zase zpátky,
to z nás všech udělalo poustevníky
nebe je teď modré, nebo je to jen mnou?
Teď už chápu, že méně znamená více

Neustálé dýchání dopravy a lidí

je teď vědomý maratonský dech,
nakupujeme, abychom sledovali zdraví ostatních,
dezinfekční prostředky v kapsách s maskami na obličeji
kýchání je způsob, jak upoutat pozornost,
Korona bojovníci v první linii,
ale někteří lidé stále proklínají a pláčou

Tahle věc není fikce – zdraví versus ekonomika
i fikce je temná, ale pořád je tam hudba
Kovid 19 je vyzyvatel s hlavou hydry
našemu modernímu způsobu života, jak se probudit
nakupováním levné práce od levné pracovní síly

Zajímalo by mě, proč mám pocit viny
když vidím, že jiní trpí, zatímco já ne,
Právě si začínám zvykat na své pyžamo

40

Moje město

Moje město si užívá přepadené tváře
obchodní centra – mrakodrapy spojují jeho vitální údy,
Dny vyvrhují namáhavou sílu
zatímco noci se ztuha a nejistě vzpínají

Klaksony, sirény, hudba, znečištění, bzukot a ticho
tluče milion bubnů, které vytváří hloupé zvuky,
Na každém prázdném místě rostou hlavy bouřliváků
aby vzaly juntu lidstva na své každodenní obchůzky

Tihle měšťáci se nikdy nezastaví, ale mávají olovem
od desíti k pěti, nepřetržitá kultura práce,
Kolem je světlo, ale krajina jako by vybledla
cílené vyhrabávání života se stává hrobem pro přírodu

Slabý ranní chodec nebo umaštěný večerní poutník
Mechaničtí pozdní spáči nebo bezmocní pozdní vstávači
Pohovka, koberec, televize, mobil a klimatizace
to všechno jsou muzea ze žuly, ale žádný dřímající opozdilec

Dálnice jsou cestou jízdy smrti
Snažím se o klidné závětří
Poškodilo mě město nějakým způsobem?
Ne, zničilo ty lepší muže, než jsem já

Stojím sám uprostřed milionového davu
Bůh mlčel, když jsem na moment strádal
Nejsem připraven zemřít opomíjen
Než vydechnu naposledy, postavím nové město

Městský život

Jasné požitky, ale nudný život
Hluk, chaos a sváry
Cesta k rozkvětu, mechanický život
Nejvíce umělý, méně přirozený
Jedna společnost, mix kultury

Žhavý beton, ale studená ocel
Mnoho sympatií, ale málokdo pocitů
Mnoho smíchu, ale jen někteří se budou usmívat
Diskotéka, hospoda, hotel a klub
Zábava a dovádění, město je centrem všeho

Spousta trní, jen pár růží
Falešní přátelé, ale skuteční nepřátelé
Vaše radosti a vaše strasti
Malé rodiny, ale malá srdce
Velké zdi, ale malé brány

Většina je neznámých, někteří jsou známí
Budoucnost je nejistá, přítomnost jasná
Všichni jsou vzdálení, pár je jich blízko
Město má různé vyhlídky
Hodnč smyšlcných, málo skutečných
Daleká cesta, málo k dosažení
Málokdo bude jednat, ale u mnohých vyvolá reakci
Někteří dávají, ale většina si vezme
Žádný peníz na ostří nože
Štěstí na své straně, bohatý život

Málokdo je moudrý, většina je chytrá
Všichni jsou zralí, málokdo je nevinný
Závod, který musíš běžet, nenech se přechytračit
Když jedeš, nedívej se stranou

42

Dlouhá cesta, ale propast je široká

Já, můj, pro mě je jediný pojem
Spousta pohybu, nulové emoce
Hojnost bolesti, ale málo je lektvarů
Pohovka je hora, koberec je moře
Tohle je město stvořené pro mě

****

Krátké básničky

1
Kojící matka
není nestydatá,
je stydlivá ve své náklonnosti

2
Umění "Khajuraho" není obscénní,
je to krásná výzdoba
při svém pozorování

3
Moderní člověk není nahý,
je nenahý
ale ve své módní náladě

4
Muž není zvíře,
je to člověk
ale ve svém hmotném provedení

Když si koupíš jejich smutek

Ledový vítr plný kouře z komínů
signalizuje pálení vánočního stromku,
Když všude kolem září barevná světla,
svatí mniši zpívají veselé melodie

Posvátné lilie a ozdobná slonovina plní domovy
Od města k městu putuje naše radostná ozvěna,
Okolo stromečku jako ptáci zpívejte
Poslouchejte sbor, líbezné rolničky přinášejí

Setkáváš se s milovanými, které jsi denně postrádal
Obejmi nepřátele, nenech je snadno vyklouznout,
Bohatí i chudí u jednoho stolu
Udělej práci, ale proměň ji v pohádku

Nech starosti odejít někam do ústraní
Ať láska zaujme místo, které jí náleží,
Napij se a utop své starosti
Nikdo se nezdá být sám nebo ve spěchu

Jakmile máš ve svém srdci Kristovo znamení
Z pocitu Jeho milosti se staneš Gilbertem,
Bůh miluje všechny v jejich pravé podobě
Vyhýbej se špatným návykům díky Jeho kouzlu
Čas popřát všem šťastné zítřky
Jsou to veselé Vánoce
když koupíš jejich smutek

Symbolické završení!

Už předtím, než existoval člověk
Všichni tvorové se vzájemně přemáhali
Kvůli jejich duševní bezcitnosti
Ale dnes člověk požírá člověka,
Je to krach jeho moudrosti
nebo symbol dosažení vrcholu!

Patříme do třetího světa

Sebe uznávané národy prvního světa
nás označily za třetí svět ve svých
takzvaných socioekonomických indexech a
dalších ukazatelů typu " modernost je skutečný rozvoj",
protože neděláme slavnostní večeře
ale sníme o dobře živeném dni

Naše děti se učí na podlaze staré státní školy,
poznávají jiný svět prostřednictvím zeleně
a postaviček vyvěšených na jejích bledých stěnách,
touží běhat po sametové trávě
místo toho, aby každé ráno sbíraly odpadky,
jako děti opouštějí staré hračky,
jste nás opustili

Tady dospívající dospívá v dospívání
a rozeznává obrysy temného futuristického světa.
struktury ve vzoru současných míst každodenní zátěže,
v tragickém opakování písně o vlasti,
sní o mladém podnikání
ale smrt termitů prohloubí kořeny jeho snažení

Říkáte našim mužům "Držte si ho v kalhotách!"
a ženám: " Zamkněte si kolena!"
ale tady je jedinou zábavou sex,
na tři minuty úlevy jsme připraveni
kát se a žít život v rozkladu a nemravnosti,
ačkoli některé zdánlivé duše mají v módě provozovat charitu,
chudí nosí roztrhané šaty,
bohatí je nosí, aby vypadali jinak,
existuje dohoda mezi člověkem
sedícím v autě a chudým, který prosí o nějakou pomoc

Znehodnocené životy plné stínů otroků
jak chudoba žije bez evakuace,
chycená do pavoučí sítě zahraniční pomoci,
podepíráme tento kapitalizující výčnělek
a silou živíme měšťanskou třídu,
naše propaganda se stala jen
k vidění, vzdychání a pláči

Občanská válka zavázala všem oči,
zdrojem politického života a smrti,
selhali jsme při pochopení druhu bitevního pole
jsme v tom a naše zbraně se s tím vypořádávají,
vždy křičíme za svobodu projevu,
nikdy jsme se nesnažili poznat rozdíl
mezi naší pletí a našimi rty

Rozdělená země, která vzdychá a volá po oddlužení,
s mozkem vymytým anti propagandou,
jako vůdci, kteří se každou vteřinou stávají milionáři
a lid, který je každou minutou chudší,
země plná mléka a medu,
stále křičí " nemáme peníze"

Samozvaná média s falešnou morálkou,
zaměřená na PR a kontroverzní rozhovory
opakují malicherné myšlenky, aby z nich udělaly filozofii,
jejich hlas šíří čistý jed v jemném rouchu,
ve jménu takzvané menšiny,
každá zpráva je označena náboženskou nálepkou,
vyzdvihují nemorální jako tvář národa,
znevažující dobré úmysly

Sex a násilí jsou novou formou zábavy,
zde velcí právníci a korporace otevřeně působí
v hlavních městech šílených z demonstrací

aby získaly obrovské zisky,
Je tato nespravedlnost s chudobou a
není jasným důkazem falešných myšlenek
které se v této chvíli přou o třetí svět?

****

Tento vzduch věku

Nové – kreace?
Nějaká nezištná nabídka? Nějaká obětavost?
Ne! Vůbec ne

Nyní jsou společenská ocenění různá
Stojí stále v jádru bohatství,
Takže jen vydělávání peněz,
Všichni kolem si přejí Wonga

Ach! to je věk – vzduch
" Lovec peněz" se nemusí ničeho obávat

Mýdlová opera

Náš život je Bohem sponzorovaná opera, protože
denně natáčíme pro světskou reklamu,
Každodenní melodrama, v němž jednotlivé
epizody střídají jednotlivé příběhy,
Epizoda může skončit, ale příběh nikdy nekončí,
Je tu příležitost, promarněná příležitost,
Náhlé obraty, záchrany na poslední chvíli,
Nacvičujeme si přidělenou roli, ale někdo
vždycky je tu někdo, kdo nás nahradí

Každá relace má nový příběh
Některé mají snadné, jiné složité zápletky,
Naše role nejsou naše volba,
Můžeš být tragický nebo komický, ale
pravdou je, že hra lid pobaví
Někdy hrajeme stejnou roli
abychom byli označeni za kašpara nebo zločince,

Jako já jsem se stereotypně vžil do tragické role,
Nikdo není ochoten mi nabídnout roli jinou,
Teď už je jedno, jestli jsem spokojený, nebo ne
Musím zaujmout stanovisko režiséra
a dokončit svou roli

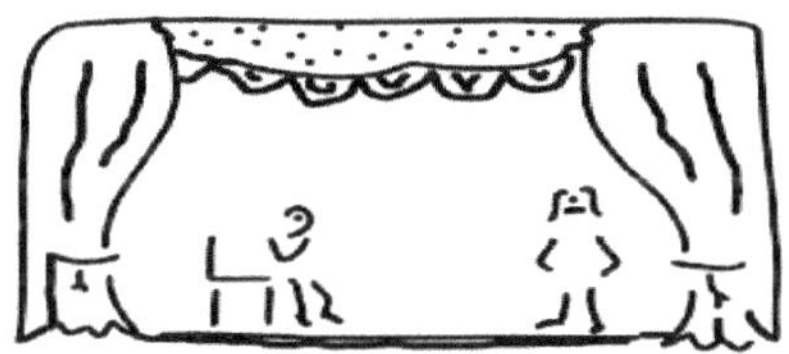

Abychom byli moderní

Iluze nového věku
Být moderní
Co z toho máme?
Pohyb v kruhu

Co zůstává?
Zmučená duše,
a prázdné tělo

Žádný most, po kterém by se dalo jít
dopředu nebo dozadu

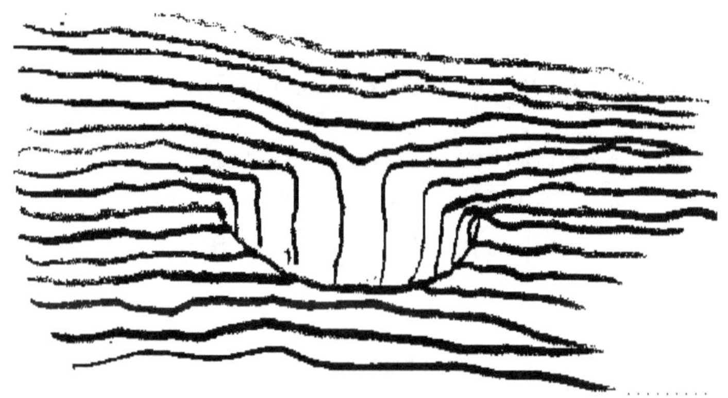

Skutečnost

Proč jsme šokováni prostorem, který vlastníme?
a přenášíme s ním konkrétní frustraci?
Jak málo toho potřebujeme přinést?
Hlavní nadšení, které existuje
je nadšení, které jsme si s sebou přinesli
Divím se, že s námi není ani jeden společník

Frangipanis venku potřebuje tvé stálé uznání,
Nafouklé valy, kdysi hlavní fascinace,
vypadá, že se hodí pro někoho jiného než pro mě
Přesto je teď moje a myslím, že bude známá
podle umění, které si pověsíme

Možná je to důvod, proč kdekoli
dnes jdeme, nás marnivost pronásleduje jako domácí zvíře,
Když věříme víc anekdotám než
že pozemští společníci nikdy nemohou být naši

Cítím, že s takovým domem,
bych měl uspořádat velké setkání
které by potěšilo zranitelností
noci a jednoduše se pokusit usadit
jako každý i ve svém vlastním prostoru,
je otravný návštěvník

Ty knihy

Knihy mají neklidnou zimní náladu,
Jejich hlasy se zdají být naléhavé,
Co knihy šeptají,
raději se o tom ve společnosti nezmiňujeme,
a přece vědí víc a byly tam, kde
my se nemůžeme dostat v šatech, které nosíme

Oni jsou neklidní, my jsme nehybní,
Jejich hlasy jsou našim uším cizí,
Opovrhují námi, otřásají námi,
Příliš mnoho hlasů, příliš mnoho ztracených rozhovorů

Když otevřu stránku, propadnu se do její mrazivé
hloubky, abych klesl jako kámen,
Mluvím o banalitách,
Vznášejí se v čase jako špatná znamení a
a mávají křídly, když se jejich zběsilé stránky mračí na obloze

Jsou temnotou v našich kostech
která stále jiskří jako mrtvé plameny,
Jaký boj svádějí dnem i nocí!
Některé neotevřené knihy zůstávají na dohled,
Knihy některých minulostí byly spáleny
nebo dlouho žijí a neotočí ani stránku
Aby zemřely nepřečtené zralým věkem nebo
dokud další generace si je nezaslouží,

Zažloutlé knižní červy, které sežral vztek!
Jedna věc je společná – knihy nebo lidé,
jen pár významných může,
Každá kniha má své zářivé poselství, některé
nedokážeme číst a věřit v něj

Oblázkové kameny

Čas vyhlazuje duhovou odolnost stromového čediče,
purpurového jaspisu, stříbřité žuly a
bledý živec s pomocí humusu
ale trpělivý klenotník je příliv a odliv

Zrozené sopkou a vyvřelé zemětřesením,
žárem popraskaný, větrem vyřezaný,
smrtící tvary kompaktní mezi skalami
Unáší se lehce jako zlomená kost

Když je příliv odhalí
mihne se mezi rozbitými skořápkami,
Rozruší je rackové, vybělí je sůl a slunce
to rozbité nádobí živých věcí

Orel se dívá z vyvýšeniny,
bez soucitu vůči břemenům
Které jsem sem nesl,
Moře mě nechce obejmout,
tak sedím, dutý jako naplavené dřevo,
zmatený jako oblázky

55

Oh, hvězdy!

Když se podívám na obrazovku
divoké černé oblohy,
Ó hvězdy! cítím planoucí dychtivost
ve svých vitálních končetinách

Elán očí andělů,
zasazené do tisíců drobností,
ukazují svůj bezmezný třpyt
nevědomému světu

Magnetická hvězda sousedící s měsícem.
naváděj námořníka na jeho cestě,
mé srdce reaguje na tvou
mihotavost s životem
a rozněcuje mou hořkou duši
nesmrtelnou jiskrou

První Monzun

Přistěhovalecká těhotná mračna v tomto vrcholném období
se připravují na příchod dešťových přehánék,
Obrovské vodní nádoby, jako vyvinuté dítě
Příliš těžké na to, aby se udržely v atmosférickém lůně

S blesky ohlašujícími se nad
obrovskou zásobu životních tekutin,
Unavené oči rolníků čekají na
své důvěrné temné příbuzné

Včely medonosné, pokorní vrabci na lukách
Pojďte! Přivítejte průvod každoroční radosti
a získejte tento poklad mokré látky,
Stříbřitá špička zahltí každého dostupného pomocníka,
Čistý život destiluje z vyvýšené ratolesti – nechť,
dravý vytrvalý proud je na cestě

Leštěný jadeitový porost, omytý chodník je mokrý
Všechno je teď zkrocené, divočina se uskromňuje,
Sladká vůně písku láká k ochutnání,
Chci být mokrým večírkem, nějakou památku si uchovat

Vodní perly červenají tvář v pozdních slunečních paprscích,
Opeření tvorové v řadě,
duhový půlměsíc se pohupuje,
Srdce vdechuje aromatické pocty,
Země pestře ozdobená jako indiánská nevěsta
V jejím prvním monzunu, velící hrdosti

Božský soumrak

Bledé starší slunce se ohlíží
skrz díry teplé horské průrvy
ke svému dědictví, které mu patřilo
a užíval si ho ve své mladistvé době

Ti světští pacholci
se připravují na nový zítřek,
Ptáci se vracejí domů, v řadě
jako luk mířící k soumračné obloze

Pomalu klesající hejna vyměřují unavené stezky
jak se pastevci plahočí unavenou cestou,
Oblaka prachu zakrývají vzduch
v tomto sfingově inkoustovém čase

V záblesku předvečerních lamp
stromy staví přízračné postavy,
Podívejte se! Předčasně ranní "Hesperus"
se svým dvojčetem, půlměsícem,
Křehký obraz s hvězdným pozadím

Když se slunce dotkne svého západního příbytku,
moudře působí na kamenný kruhový banyán,
Slabé kostelní zvony v duchovním vysílání
vysílají do éteru smrtelného průmyslu,
Toto je božský čas soumraku,
Připomíná ti nevyhnutelné,
Slabost lidstva!

58

Zima

V zasněženém bezbarvém závěsu zima ustoupila
svět čeká na teplý polibek dne,
Dlouhým osamělým údolím
vane ledovcová vichřice,
aby rozveselil hlubokou a vznešenou samotu

Nad holou vrchovinou zbožný sluneční paprsek
si hraje, když bezcitný západ vysílá svůj vánek,
ale bouřlivý sever zpívá sněhovou bouři,
Všechna pole leží svázaná pod
křupavým sněhem,
V tichosti vše usychá, aby se země obnažila
a ukáže svou poddajnou kostru života

Kráčím a pod nohama se mi ozývá praskání
abych viděl tančící tmu v živé modři,
V extázi země upíjí
stříbrné vlažné sluneční světlo,
Zvíře nebo pták ve skrytu odpočívají,
Ty stromy bez listí se podobají mému osudu,
jako osamělá červenka s hořící hrudí
sedí v nenápadné slasti slunce

Jak rubínový prapor máků se rozprostírá
kde lilie usnuly, ale
srdce růží stále tluče,
Když čerstvá míza země
zjemní lněné květy,
Sněhové vločky se rojí na dvoře,
aby porazily slabou okenní tabuli

Když do teplé komnaty vstoupím,
Přemýšlím, jak se mi podobá

je ten smutek jako ošoupaný prahový kámen?
Pokřivené a chvějící se stíny na
na matně osvětleném stropě,
Bezbarvé shluky hvězd bez jasu
zdobí noční nevěstu,
Shovívavý kapalný měsíc sklouzává
skrz holou černou větev

Komorním koutkem průvan vymetá noční stolek
Obrys kříže okřídlené touhy
vzlétla bleskovým letem,
Přísahám, že dodržím každý líbezný slib
pod teplou chlupatou přikrývkou z pohledu semen,
Bůh lituje všechny ty duše bez domova

Moje chalupa

Má chalupa, idylickým půvabem se třpytící
v ranním slunci pod poloprůhlednou azurovou oblohou,
Se syčením dlouhých hadích chodníků,
hedvábně tmavě zelený trávník mě vítá, když
Přicházím z každodenní dřiny

Cítím nápor poletujících nohou,
dychtivých dosáhnout mého serafínského příbytku,
Kdykoli jsem sklíčený, vždycky je tu
jeho dosažitelné stěny inspirují,
Střecha, štít proti síle nálady,
Všechny pokoje jsou měřítkem volného času,
Okysličená okna vrhají pohled ven

Uvolňuje se ve večerních stínech, když
malý pták sedí na parapetu,
Večer se ponořím do snivého spánku
zapomínám na říši lidských zkušeností
ležící na naducaném polštáři

Ranní extáze

Váhavá noc, pomalu se vzdalující
Šedá země, některé matné stíny se stále vznášejí,
Svítání zvolna vykračuje, aby probudilo každou farmu
Ospalé slunce, to tekuté světlo, zahřívá písek,

Ranní nymfa vystupuje z oceánu plným
perel v kouzelném mlžném plášti
jako by vítr vířil,
Její lesklý náramek vypůjčený od slunečních paprsků
Rychle se k vrcholku kopce její sláva vyhoupne

Její vůně probouzí spánek smrtelníků
Zpěv ptáků ale přeruší ticho acetalů,
Dychtím vstát dřív než včela,
Snad abych pocítil božskou sílu, je-li to možné,

V každém domě se rozhoří nezbytné ohně
Vnímej ranní kadidlo, naslouchej daleko znějícím lyrám,
Duše se cítí svěží a omlazená
Léčivé světlo vydechuje, božské vtělení

Kytice růží a lilie se probouzejí
Vítr se skrývá ve stromech, rozechvívá je,
Stydlivá dívka se džbánem přichází k řece, aby ji naplnila
Sedláci a pastevci na své cestě jako vždy,
Všichni tvorové musí tvrdě běžet tou namáhavou cestou
Protože neprošlapaná cesta, jasná je odměna

63

Naděje

Když noc likviduje den
jak hříšný mrak zakrývá slunce,
všechna lechtivá pouta zmizí
a z každého shromáždění udělají zříceninu,
Zoufalství sedí jako chmurná sova
když se osud stane naším nepřítelem,
těžce zamřížované tělo polapí
Duši se skloněnou hlavou a sklopenýma očima,
Když nikdo nevypije tvou kapku duše

Všechny poklady mohou být odňaty
ale nemohou okrást tvou naději,
sto vesmírů má moc
ale jen tvé srdce vytváří její rozsah

Naděje se vznáší jako drak
zpívá, jen když zapláčeš,
Když je nedostatek světla
Její zlatý důl vykopaný na tvém dvoře,
po kvílivé černé noci
den se zlomí podivuhodně jasný a zářivý
Nevznášej se příliš vysoko, nebe ještě výš
a bouřlivé mraky jsou blízko
Tlačí tě zpět k velkému pádu,
Pamatuj, že když padá naděje, nikdo neslyší
vnitřní zřícenina je připravena se očistit

Když ti dojde naděje, můžeš si půjčit
Je to plachý přítel, krutý ve svém strachu,
který naznačuje tvůj zármutek a přináší ti nové zítřky
každá větvička čeká, až rozkvete
naděje ti dává šanci na druhé jaro

Následný efekt

Proč je to nutné?
Řada světel, když máme spát
barevné neonové fantazie, když sníme,
Omamné látky se snaží zpomalit náš dech
když bychom se měli zadýchávat prací

Proč jsou tu dvě osobnosti?
Když máme své stíny,
Ano, říkají tomu pokrok nebo možná
je to jiný název pro sebedestrukci

Záměrně se pozastavujeme mezi
moře a nebe
když máme zemi pod nohama,
pěstujeme plody antiteze
na falešných stromech teze
zatímco je tu bohatá země syntézy

Když stojíme v davu, abychom cítili
lehkost prázdného prostoru,
Snad uslyšíme šepot
hvězd a planet s
téměř odumřelým uchem v lidskému hlasu
Všichni putují tímto šupinatým zbožným životem
s balíkem lží, kterou je každá tvář naplněna
vlastními vráskami smrti v dáli

Počítáme miliardy, abychom je zasvětili
hodinu jen v jediném čísle
jak se naše svědomí snaží být pravdivé,
Je to smysluplná prázdnota, zatímco
toužíme požívat čistý přelud?

Každé srdce je ponořeno do temného indického inkoustu
nebe se kojí černým mlékem,
Země se chvěje pod svým hnutím,
stejně jako Šance, Krása a Mládí s
břemenem strachu a nadějí práce a hry

Básník je také součástí tohoto dilema
Když se báseň stane hádankou,
Když báseň nenabízí řešení,
Nečti ji a nedívej se na ni jinak
bude na vás působit jako následek
špatně předepsaného léku

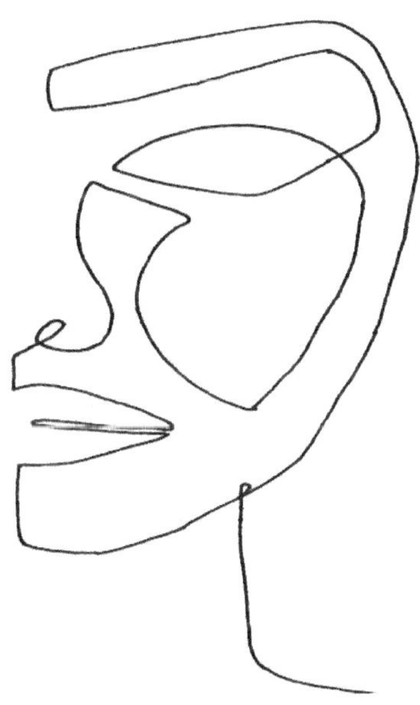

Rozvětvený nebo ne?

Říká se, že odchod je jen
počátek vzniku, ať už je to velký třesk
nebo zahradní ovoce, když
jsou zralé nebo připravené, jsou odštěpeny

Ale já dávám přednost prostému spojení,
ne odloučení
protože laviny čekají na
toho, kdo zabloudí daleko a široko,
pak polovina života se vytrácí
druhá půlka je pro úklid

Zatímco odchod je součástí procesu,
Proč je to rozdělení nebo úpadek?
jedna část oddělená, jedna část spojená
Jak se rozptyl mění ve sladkou přitažlivost!

Je to bezdrátové spojení
se vztahem na různých úrovních,
Chtěli bychom milovat více nebo úplně zapomenout
vzdálenost určuje vztahy,
Potkáme se, ale stačí neštěstí,
Útočiště pro čas,
Nejde o zisk nebo ztrátu
když radost roznítí smutek z odloučení

Vnitřní hlas

Zlo je otcem morálky,
Jako noc na hranici dne,
Mraky mohou být temné – těžké
ale jen ony mohou přinést déšť

Když je víra jasná, pochybnosti ztrácejí lesk,
Když moudrost roste, slzy se snižují
Existuje život za hranicí smrti?
Existuje cesta po obloze?

Jsme dobrovolní hříšníci, ale podléháme odpuštění,
Když se pro tebe cesta uzavírá,
ta druhá je tu vždycky před námi
Když uvnitř sebe uslyšíš hlas,
jeho čistotu duše, víra v sebe sama

Užívej si energii slunce

V temných říších minulosti
vrhá přítomnost světlo?
Když ostré bolestivé skutečnosti štípou
uleví nám minulost?
Přemýšlení o zítřku
tě připraví o to, co je ti neodmyslitelné,
neviditelné drobné radosti stresujícího současného života

Rozvíjejte svůj náhled,
užívejte si všech složek
dokud jsou přítomné,
Vnímejte sluneční energii, dokud je zde
protože noc není daleko,
Hledejte nové květy,
Neodcházejte od svých kořenů,
Nenaříkej nad minulostí ani neusiluj o
budoucnost, protože dnešek je ten den.

Krása: Blaženost

Krása je požehnání, euforie.
Když život odhalí svou svatou tvář
Nějaký tichý šepot promlouvá v našem duchu,
věčnost se dívá do zrcadla,
Září čistými odstíny různých barev
Vychází s úsvitem z východu,
Zámek andělů navždy v letu

Jásavá krása sestupuje ze soustředěné
a z bludné sféry, balzámový nektar září,
Její kouzlo láká lůno,
Pojď! Podívej se na větrnou klenbu hájů,
Jak její pramen uhasí žízeň kouzelné náruživosti

Zapomeň na mě hned

Když se naposledy nadechnu,
neplačte na mém hrobě nebo
nepište na kámen, protože já tam nebudu

Smrt je otrokem štěstí,
nic nezmůže,
Změním svou podobu,
Můj popel bude jedno s
kůrou země,
Budu se otáčet s její
denní dráhou a budu žít
znovu na věky, věčným se stanu

Pro mě by život znamenal všechno
víc než to, co jsem kdy znamenal,
Teď si můžeš dovolit na mě zapomenout

Sestup do nitra Země

Smrt bez doprovodu nohou nebo formy,
Obtížné vysledovat otisk holé kosti
rozeznat její obraz v zrcadle vitality,
Její duch dýchá v těle života

Smrt je vnitřek rozbředlého těla,
Zkušební hora na pohřební hranici
Cítit hořící látku těla
nesestupuješ do země
ale stoupáš k věčnému nebi,
A vstupuješ do nedotčené vlasti

Jak Slunce zapadá, Měsíc vychází

Ten pradávný rok

Ten příliš uspěchaný starý rok
Leží na smrtelné posteli,
kamarád z naší předchozí cesty
ochotný vyvolávač touhy všech

Jeho dny byly kdysi zářivé
Večer, svěží blondýnka,
Když jeho naděje byla velká
Spřádal fantastické představy o nocích
Jak hýřil svou štědrou rukou
všechny poklady, které měl?

V Apollonovi nacházím jeho drobné stopy
nebo mizející měsíční světlo,
Jak mám všechnu chválu, méně viny
Děkuji bohu za každý okamžik
Miluji tě za tvé včasné popíchnutí,
Je to všechno moje volba, kdybych byl neúspěšný

Teď se mohu vyhnout své chamtivosti a sváru
Jak jsi mě naučil klidnému spánku,
Abych se probudil do nového roku ráno
Zdravý úsudek, zbavený marnotratné touhy

Jedinečnost rozmanitosti

Jak oči mrkají, aby se postavily slunci
Život se chvěje nedostatkem vzduchu,
zrození se nikdy nesetká se smrtí
Jak je duše svobodná, ale spoutaná svaly,
Jedna síla vede druhou,
Dvě síly pracují společně
ale nemusí existovat na jednom místě

Jednotvárnost znehodnocuje naše životy
protože nic z toho, co děláme, nakonec nepřežije,
Žádný pokrok ani nedostatky, nic nezačíná ani nekončí,
Svět takový není, svět je plný zaslepených fjordů,
Nikdy neskončí, nikdy není dvakrát stejný
Ztracený, jak si ho držíme, vždycky musí být získán zpět

Dokonalost je padlé ovoce
Mezi tou smysluplností a hmotou,
Naše touha získat ten nejvyšší stav
zalepí každý otvor otupělým ideálem bělosti
Univerzálnost odmítá připustit rozdělení nebo rozptýlení

Je-li člověk obrazem Boha, bůh se rozpadá
Člověk je člověkem, protože kdysi byl zvířetem,
Člověk je šílený záští, je rozbitý
dobrými nadějemi nebo zlými sny proti světu,
ale je si vědom radosti z věcí a
má schopnost jít za hranice a
nad rámec času

Děkuji **

www.ingramcontent.com/pod-product-compliance
Lightning Source LLC
Chambersburg PA
CBHW051349150726
48000CB00003B/1111